NICOLE HANCK

Spielen mit Krippenkindern

Draußen

HERDER
FREIBURG · BASEL · WIEN

www.herder.de

Umschlaggestaltung: Sabine Ufer
Umschlagfoto und Fotos im Innenteil: Nicole Hanck
Satz und Gestaltung: Sabine Ufer

Herstellung: Plump Druck und Medien GmbH, Rheinbreitbach
Printed in Germany

ISBN 978-3-451-39455-3

Inhalt

Einführung: Mit den Kleinsten die Natur entdecken

Was spricht für einen Aufenthalt im Garten, Park oder Wald mit Kleinkindern? Ganzheitlichkeit im Lernen erfordert eine anregende Umgebung, Stabilität in der frühen Bindung, eine Atmosphäre, in der Neugier erwünscht ist, und pädagogische Schritte, die sich individuell an den Bedürfnissen und dem Entwicklungsstand einzelner Kinder orientieren. Naturerfahrungen im Freien bieten hierfür eine unermessliche Vielfalt: Sie stillen nicht nur den Wissensdurst und führen zu Entwicklungsvorteilen, sondern stärken gleichzeitig das Selbstbewusstsein der Kleinsten, die sich draußen immer mehr zutrauen.

Anders als eine Bewegungslandschaft in der Krippe – und sei sie auch noch so anregend gestaltet – ist die Natur das *Original*. Sie ist auch Abenteuer und bietet Platz zur kreativen Entfaltung. Den Umgang mit und in ihr sollten die Kleinkinder in fürsorglicher Begleitung von Erwachsenen erproben.

Eine gemeinsame Entdeckungsreise mit der Bezugsperson in die Natur bietet Kleinkindern ein ganz besonderes Bewegungs- und Sinneserlebnis in einer Welt ohne Wände. Die 14 Impulse für Herbst und Winter, Frühling und Sommer in diesem Buch sollen pädagogische Fachkräfte und Eltern dazu einladen, Kindern in ihrer entscheidendsten Entwicklungsphase erste Naturerfahrungen zu ermöglichen.

Auf den folgenden Seiten finden sich zunächst Hinweise zu den entwicklungspsychologischen Voraussetzungen dieser Altersstufe sowie praktische Hinweise zu Rahmenbedingungen und Umsetzungsformen für gelingende Naturerlebnisse. Die jahreszeitlich angeordneten Aktionen bieten Anregungen für spannende Unternehmungen, die möglichst viele Sinne ansprechen.

Nicole Hanck

Lieblingsbeschäftigungen & ihre Entsprechungen in der Natur

Wer in der Krippe arbeitet, weiß: Die Arbeit mit den Kleinsten lässt sich nicht mit der der Großen im Kindergarten vergleichen!

Die Kleinsten lernen die Grundlagen, um im Alter von etwa 3 Jahren schließlich laufen, hüpfen, springen, sprechen und mit Gleichaltrigen ohne Erwachsene spielen zu können. Wie dieses Lernen aussieht, was Kinder unter 3 Jahren in der Natur machen und was ihre altersentsprechenden Lieblingsbeschäftigungen sind, gilt es im Folgenden näher zu betrachten:

Kinder unter 3 Jahren lernen sensomotorisch (unter Einsatz ihres Körpers und aller Sinne) durch bewusste oder unbewusste Handlungen. Werden Kinder im Spiel bestärkt und gefordert, regt dies Denk- und Verarbeitungsprozesse, also das Lernen an. In der Natur entdecken sie biologische und physikalische Vorgänge durch immer wiederkehrende Spielhandlungen, die, je nach Entwicklungsstand, kleinen Versuchsreihen ähneln.

Taktile Erfahrungen spielen kurz nach der Geburt eine ganz besondere Rolle. Die fürsorgliche Berührung durch die Hand der Mutter oder das Liegen im kitzeligen Gras, die Stimulierung mit einer weichen Feder oder flauschigem Moos bereitet den Babys ganz besonderen Genuss.

Ab 4 Monaten erweitert das Baby seinen Bewegungsradius und begibt sich auf Entdeckungstour mit Augen, Nase, Ohren, Hand und Mund.

Kann das Baby im Alter ab 8 Monaten erst einmal auf der Erde sitzen, im weichen Gras krabbeln und sich am Gebüsch hochziehen, wächst sein Wirkungsbereich enorm. Die gezieltere Auge-Hand-Koordination ermöglicht das Greifen und Loslassen von Naturmaterialien, was es mit großer Freude ein ums andere Mal ausprobiert. Die physikalischen Kräfte der Falllinie werden erforscht und die soziale Interaktion mit der Bezugsperson dabei auf die Probe gestellt.

Ab einem Alter von 12 Monaten wird das Bauen und Konstruieren für das Kleinkind immer interessanter. Es sammelt und sortiert Naturmaterial, füllt es mit Bechern in Schüsseln ein und schüttet sie wieder aus. Auch das Interesse am Wasser und seinen Eigenschaften wächst. Das Kind vergleicht die Besonderheiten der Gegenstände (haben Kastanien und Eicheln die gleiche Form, Farbe oder Größe?). Durch das Einwickeln von kleinen Steinen in Blätter erschließt sich das Kind natürliche Gegebenheiten mit einem forschenden Blick. Ist der Stein noch da, wenn ich ein Blatt darüber decke?

Mit zunehmender Mobilität ab einem Alter von 18 Monaten experimentiert das Kind mit dem Transport von Stöcken, Kastanien etc. in Taschen und Fahrzeugen. Es schafft Gegenstände mit großer Leidenschaft von einem Ort zum anderen, um herauszufinden, ob sie sich verändern. Die räumliche Vorstellungskraft wird zudem durch Rotation erprobt. Alles, was sich dreht, nicht zuletzt der eigene Körper, wenn er schnell im Kreis

herumwirbelt, erhält größte Aufmerksamkeit. Auch das beginnende Balancieren auf einem Baumstamm oder das Klettern im Gebüsch dient der räumlichen Orientierung und der Ausbildung des Gleichgewichtssinns.
Erste Ansätze zu Rollenspielen greift ein knapp zweijähriges Kind auf, wenn es z. B. selbst als Frosch umherhüpft.

Kinder sind individuell – die Übersicht der Lieblingsbeschäftigungen im entsprechenden Alter ist also nicht statisch zu verstehen, beschriebene Tätigkeiten aus vorangegangenen Altersstufen können durchaus weitergeführt und verfeinert werden.

Wege ins selbstbestimmte Lernen

Ausgestattet mit Neugier und Entdeckergeist lernen die Kleinsten, ohne es zu merken. Sie hantieren mit Gegenständen, untersuchen sie mit Fingern und Mund, beobachten sie konzentriert und lassen sie fallen. Auf diese Weise erforschen sie vom ersten Tag ihres Lebens an Oberflächenstruktur, Größe und Gewicht sowie physikalische Kräfte beim Fallenlassen. Sie wiederholen Abläufe unermüdlich und mit viel Spaß. So trainieren sie ausgehend vom Lustprinzip die Eigenaktivität. Werden die Kinder einfühlsam begleitet, verstärkt dies das selbstbestimmte Lernen.
Eine Orientierung am selbstbestimmten Lernen ist die Grundlage der Krippenpädagogik. Dies scheint zunächst dem Angebot gezielter Lernarrangements in der Natur zu widersprechen. Doch der Erwachsene kann dem Kind helfen, etwas selbst herauszufinden: Die Kunst besteht darin, an den Selbstbildungsprozessen des Kleinkindes teilzunehmen und dessen Handeln sehr genau zu beobachten. Das Kind selbst liefert Anhaltspunkte für seine Lerninteressen, und die Begleitung spielt auf der Erde (Augenhöhe) nachahmend mit. Schaut das Kind erstaunt auf, bemerkt es das lächelnde Gesicht des Gegenübers, das seine Handlungen imitiert. Der weitere Spielverlauf wird durch ein spaßiges Wechselspiel aus Vorgaben und Imitationen bestimmt. Kleine Änderungen durch die Haltung, Mimik, Material etc. werden durch die Begleitung vorgegeben, welche das Kind seinerseits aufgreift und nachahmt.
So kann der Erwachsene die Bereitschaft zur Nachahmung in einer tragfähigen Beziehung nutzen, um gezielte Veränderungen und Lernprozesse anzustoßen.

Ein Kleinkind, das selbstvergessen und völlig versunken in sein Spiel ist (Flow), sollte niemals gestört werden. Die Verbalisierung der Handlungen des Kindes sollte es seine Selbstwirksamkeit erkennen lassen.

Krippenkinder im Naturraum begleiten

Rahmenbedingungen

- Die maximale Gruppengröße sollte auf zehn Kinder unter 3 Jahren begrenzt werden, die durch mindestens zwei Bezugspersonen begleitet werden. Je kleiner die feste Gruppe und niedriger der Betreuungsschlüssel, desto intensiver ist das Naturerlebnis, insbesondere bei Kindern unter einem Jahr.
- Aktionen am Wasser üben einen besonderen Reiz auf Kinder aus und erfordern Achtsamkeit und Umsicht der Begleitpersonen. Hier gilt es die Sicherheit der Kinder zu gewährleisten und gleichzeitig erste Sicherheitsstandards einzuüben. Daher sollte der Betreuungsschlüssel vor dem Wasserausflug neu überdacht und gegebenenfalls angepasst werden.
- Wie häufig ein Ausflug in die Natur stattfinden kann, ist sicherlich von der Einrichtung oder den familiären Terminen abhängig.
- Ein Naturbesuch kann bei Wind und Wetter stattfinden, nicht jedoch bei extremen Wetterlagen.
- Damit die Kinder hellwach bleiben, sind je nach Mobilität möglichst nahe gelegene Naturorte von Vorteil, und den Weg dorthin sollten laufende Kinder zum großen Teil selbst zurücklegen.
- Damit Kleinkinder sich nicht in unübersichtlichen Situationen verlieren und selbstbewusster agieren können, eignen sich feste Plätze mit begrenztem Erfahrungsbereich (Gartenzaun, Aufstellen von Grenzkegeln etc.).
- Der Aufenthalt im Freien sollte gut durchdacht in den bestehenden Tagesablauf integriert und individuell auf eine Zeitspanne von einer Stunde begrenzt werden. Am Naturtag tragen die Kinder wetter- und jahreszeitenangepasste lange Kleidung (auch im Sommer zum Schutz vor Zecken), festes Schuhwerk und eine Kopfbedeckung. Jedes Kind hat zusätzlich einen kleinen Rucksack mit einer bruchsicheren Trinkflasche und einer gefüllten Brotdose dabei.
- Für ein unbeschwertes Erlebnis muss die Begleitung bei Ankunft den gesamten Bereich unbedingt auf mögliche Verunreinigungen oder Unfallgefahren untersuchen, einen Wickelplatz herrichten und einen Toilettenplatz festlegen.

Tipp

Denkbar ist die Kombination eines Picknicks mit anschließender Entdeckerzeit. Ein Unterstand ist dabei von Vorteil, damit die Kinder weder durchnässt werden noch in zu viel Sonne baden. Ein gleichbleibender Ablauf, abgerundet durch kleine Rituale, unterstützt das Gemeinschaftsgefühl und die Überleitung zur nächsten Aktion (Ankommen, Picknick-Kreis, gemeinsamer Vers, Spielzeit, Abschluss).

Materialien

Die anregende natürliche Umgebung mit hohem Aufforderungscharakter weckt die Neugier der Kinder und macht selbstbestimmtes Lernen und Materialerfahrung erst möglich. Damit keine Langeweile aufkommt, sollten Handlungsspielräume zugleich überschaubar und offen sein. Mitgebrachte Spielsachen mit vorgegebenem Zweck können selten kreativ eingesetzt werden, und das Kind wird sich bald abwenden. Zeug zum Spielen ist dem Spielzeug immer vorzuziehen. Gemeint sind hier offene Materialien wie Alltags- und Recyclinggegenstände oder Naturmaterialien, ohne didaktische Absicht, die das Kind umgeben (z. B. Schüsseln, Fahrradreifen o. Ä.). Ein Wechsel der Materialien ist natürlich notwendig, aber auch hier gilt: Weniger ist mehr! Materialangaben finden sich jeweils in der Beschreibung der einzelnen Aktionsangebote.

Bevor es losgehen kann, sollten einige wichtige Materialien in den Bollerwagen wandern:

- Sitzunterlagen für alle
- Erste-Hilfe-Tasche, zusätzlich Rettungsdecke, Zeckenzange / Zeckenkarte, Dosen zum Aufbewahren von Zecken oder Giftpflanzen, Kokosöl, Sonnenschutz, Fettcreme als Kälteschutz, Pinzette
- Mobiltelefon, Telefonliste (Eltern, Arzt, Giftnotrufzentrale)
- Wasser (Kanister oder abgefüllt in einer Flasche), Seife, Einmaltücher
- Einweghandschuhe
- Mülltüten
- Desinfektionsmittel
- Mund-Nasen-Bedeckung

- Wickelplatz: kleine Isomatte mit Einmalwickelauflagen
- Ersatzwindeln / Babytrockentücher
- Toilettenpapier / Gartenschaufel (Notdurft an geeigneter Stelle vergraben)
- Grenzkegel, Taschenmesser
- Eine Fingerpuppe, die den Naturtag immer begleitet
- Hausmülltüten
- Bestimmungsbücher / dieses Buch

Tipps & Tricks

Schüsseln, Eimer, Kanister
Sind immer sperrig im Transport! Abhilfe schaffen hier ihre faltbaren Doppelgänger.

Hitze gegen Mückenstiche
Auch Mücken lassen sich von Kokosöl abhalten. Sticht dann doch mal eine zu, hilft Hitze gegen das Anschwellen des Stiches. Bevor das große Jucken beginnt, eine Tasse mit warmem Wasser füllen (Achtung: natürlich nicht zu warm – die Tasse sollte noch angefasst werden können) und für 10–60 Sekunden an den Stich halten. Ein Großteil der juckreizauslösenden Enzyme wird dadurch zerstört.

Zeckenkarte
Ebenfalls platzsparend sind scheckkartengroße Zeckenkarten, die im Portemonnaie immer mitgeführt werden können.

Kokosöl als natürlicher Zeckenschutz
Chemische Zeckenschutzmittel sind für Kinder unter 3 Jahren meist tabu. Um nun unbeschwert im hohen Gras, zwischen Sträuchern und im Laubhaufen krabbeln und liegen zu können, wirkt natives kaltgepresstes Kokosöl als wahrer Zeckenschreck! Zecken meiden die darin enthaltene Laurinsäure und das Öl schmeichelt der Haut. Dazu werden die nicht stoffbedeckten Hautpartien großzügig mit Kokosöl eingerieben.

Los geht's!

Die Aktionsangebote in diesem Buch sind jahreszeitlich angeordnet, können aber zum Teil auch in anderen Jahreszeiten unternommen werden.

Vertrauensvolle Zuwendung

Stimulationen, Impulse und Anreize wirken umso intensiver auf das Kind, wenn die Erfahrung gemeinsam in einer vertrauensvollen, dem Kind zugewandten Beziehung erlebt wird, in der es sich sicher fühlt, sich angstfrei bewegen kann und in der es in einer aufregenden Situation Warmherzigkeit und Trost findet.
Die Bezugsperson entwickelt ein Feingefühl für die Signale des Kindes, auf die sie angemessen und sofort reagieren kann. Einer engen körperlichen Nähe folgt bei zunehmender Selbstbestimmung des Kindes ein zugewandter Blickkontakt auf körperlicher Distanz, der den Kleinsten das Gefühl vermittelt: Ich bin nicht allein und ich werde gesehen.

Auf dem Weg

Der Weg in die Natur steckt voller neuer Eindrücke, die es differenziert wahrzunehmen gilt. Begreift die Bezugsperson den Weg bereits als Ziel und begibt sich auf die Ebene des Kindes, unterstützt sie beeindruckende Erfahrungen – wie die Kieselsteine auf dem Weg, das Hundegebell auf der Straße oder die bunten Blätter am Wegesrand – und hilft dem Kind, sie zu ordnen und zu verarbeiten.

Naturwunsch-Vers

Lange Erklärungen von Naturphänomenen, Belehrungen oder die Vorgabe von Lösungen erübrigen sich bei Kleinstkindern. Sie erforschen die Phänomene mit ihrer Kreativität und Kompetenz durch eigene Entscheidungen und selbstbestimmtes Lernen. Eine Alternative bieten hier kindgerechte *Instruktions- oder Bewegungsverse* sowie kurze gereimte *Lachgeschichten*, die den Kindern beispielsweise beim gemeinsamen Picknick präsentiert werden können. Eine *Fingerpuppe* fesselt dabei die Aufmerksamkeit der Kinder und kann auch auf kleine Kinderfinger gesteckt werden. Die Interaktion

zwischen Bezugsperson und Kindern kann sich auf diese Weise festigen. Die Aufgabe der Fingerpuppe ist es, die Aktion am Naturtag mit dem zugehörigen Vers zu eröffnen und in die Aktion einzustimmen. Weitere Fingerpuppen können eingebunden werden, wenn das Spiel mit ihnen die Kinder fesselt.

Grenzen?

Spätestens bei der Frage, ob Kinder Blätter ausreißen, Blumen pflücken oder Tiere anfassen dürfen, scheiden sich die Geister: Was wiegt schwerer: Naturschutz oder Naturerleben? Diese Frage ist nicht leicht zu beantworten. Ich befürworte die Förderung des Naturerlebens, selbst wenn dies bedeutet, dass Blätter und Blumen gepflückt werden. Um den Bestand einer Pflanzenart auf der Blumenwiese müssen wir uns keine ernsthaften Sorgen machen, wenn einzelne erkundet und zum verstehenden Begreifen abgezupft werden. Grundsätzlich plädiere ich aber für Grenzen, die es einzuhalten gilt: Es sollten nicht mutwillig große Pflanzenmengen entnommen werden, wenn das Ausreißen im Vordergrund steht. Tiere dürfen nicht verletzt werden.

Der Entdeckertag geht zu Ende

Zum Abschluss können bereits die Kleinsten mithelfen aufzuräumen und die verstreuten Materialien wieder einzusammeln.

Nach einem Abenteuertag im Freien haben die Kleinsten viel zu denken! Erleben, Denken und Sprechen stehen in unmittelbarem Zusammenhang und ermöglichen den Verarbeitungsprozess des Naturerlebnisses.

Herbst

Im Herbst fliegen Blätter ganz hoch und ganz weit,
lass' sie uns fangen, wir sind schon zu zweit.
Mal grüne, mal rote, auch gelbe und braune,
ein Blätterbad im Herbst, das macht gute Laune.
Wir sehen auch Pilze, rote Früchte und Beeren,
doch die bleiben stehen, soll'n die Tiere verzehren.
Eichhörnchen sind fleißig und sammeln geschwind
ihren Vorrat für den Winter, so schnell wie der Wind.
Doch aus einigen Samen, Kastanien und Eicheln,
basteln wir Tiere, die können wir streicheln.

Klettermaxe

Das Klettern und Balancieren fördert den Gleichgewichtssinn und trägt zur Gefahrenabwehr bei: Je häufiger die Kinder üben können, desto sicherer und selbstbewusster werden sie!

- **Schwerpunkt:** Wahrnehmen, Gleichgewicht, Koordination, Muskelkraft, mit allen Sinnen erfahren
- **Alter:** ab 12 Monaten
- **Ort:** Wald / Wiese
- **Material:** Naturmaterial aus dem Gelände

NATURWUNSCH-VERS:

Schau den Klettermaxe an,
wie er so gut klettern kann.
Hält sich mit beiden Händen fest,
am Baum und am dichten Geäst.
Hoch hinaus klettert er munter,
passt schön auf und fällt nicht runter.

Ein ausladender Ast, ein umgestürzter Baum, ein Spielhügel oder -graben oder ein Natursteinbrocken am Wegesrand wecken die Neugier und die Bewegungslust der Kinder. Die Begleitung sucht eine sichere Kletterstelle aus und überprüft dazu die Standsicherheit und Festigkeit von Stämmen und Ästen. V-förmige Stämme sollten vermieden werden. Eine maximale Kletterhöhe wird mit den größeren Kindern vereinbart. Totholz unter der Kletterstelle wird verräumt und das Kletterabenteuer kann beginnen.

Die Begleitung zeigt den Kindern, wie sie sich mit beiden Händen festhalten können und welcher Ast sich zum Festhalten und Schaukeln eignet (Unterschied dicke / dünne Äste). *Risikofreudige Kinder* werden nun begeistert auf tiefergelegene Äste klettern, Astreiten spielen und sich dazu immer wieder kräftig mit den Füßen vom Boden abstoßen. *Zurückhaltende Kinder* werden vorsichtig erst mal zuschauen, wie ein anderes Kind klettert, um dann zu entscheiden, ob es das auch probieren möchte.

Variante für kleinere Kinder:
Klappt das Hochklettern bei den Kleinsten schon? Aber wie soll es wieder runterkommen? Die Begleitung zeigt dem Kind, wie es immer zuerst die Füße wieder auf den Boden setzt.

Rindenboot

Erkenntnisse über die Gesetzmäßigkeiten und die Beschaffenheit des Wassers können auch im herbstlich kühlen Wasser eines Baches ganz einfach erworben werden.

- **Schwerpunkt:** Koordination, kreativ sein, mit allen Sinnen erfahren, sammeln, transportieren
- **Alter:** ab 12 Monaten
- **Ort:** Bach
- **Material:** Naturmaterial aus dem Gelände

NATURWUNSCH-VERS:

Auf den Boden, auf den Wegen,
kann der Wind viele Schätze fegen.
Mal Blätter, Stöcke, Äste, Rinden,
Augen auf, damit wir's finden.
Aus Rinde den Boden, ein Stöckchen als Mast,
die Segel sind Blättchen – wer hätte das gedacht!

In Ufernähe sammeln die Kinder große und kleine Rindenstücke (z. B. von herabgefallenem Totholz nahe stehender Bäume), am Boden liegende Stöcke und Blätter. Die Begleitung erklärt, dass Rinde, Stöcke und Blätter auf dem Wasser schwimmen können, ohne dass sie untergehen. An flacher, befestigter Uferstelle wird die Rinde nun ins Wasser gesetzt und erhält kleine Blätterpassagiere und vielleicht einen Stock als Mast. Wie schnell schwimmt das Rindenboot? Bin ich genauso schnell, wenn ich am Bachlauf nebenherlaufe?

Variante für kleinere Kinder:
Die Kinder untersuchen ein Rindenstück. Wie fühlt sich die raue Rinde an? Kann das abgestorbene Holz bereits in den Händen zerrieben werden?

Kastanienbad

Die Früchte von Rosskastanie und Eiche eignen sich hervorragend als Spielmaterial.

- **Schwerpunkt:** Feinmotorik, mit allen Sinnen erfahren, sammeln, sortieren, transportieren
- **Alter:** ab 12 Monaten
- **Ort:** Wald / Wiese
- **Material:** Einkaufstaschen, große Holzkiste für Haus / Garten oder Pflanzunterlage mit Druckknöpfen, leere Küchenrollen, Frühstückspapier, Gummiringe, Eierkartons

NATURWUNSCH-VERS:

Kleine braune Kastanien kullern hin und her,
hab sie selbst gefunden, das war gar nicht schwer:
Lagen verstreut am Boden, in Schalen gut versteckt,
die piksten in die Finger, da hab ich mich erschreckt.
Fielen auf den Boden, und was war da zu seh'n?
Kleine braune Kastanien, die können nun baden gehen!

Unter einer Rosskastanie zeigt die Begleitung den Kindern Kastanienfrüchte (alternativ Eicheln unter Eichen) und erklärt ihnen, dass daraus kleine Bäume wachsen können. Die Kinder sammeln sie und legen sie vor Ort auf die mitgebrachte Pflanzunterlage.

Soll das Kastanienbad im Garten oder Zimmer aufgebaut werden, sammeln die Kinder die Früchte in Einkaufstaschen.
Die Kastanien werden nun im Bad bewegt und in die Eierkartons sortiert.
Zum Basteln von Kastanienrasseln füllt die Begleitung mit den Kindern Papprollen mit Kastanien und verschließt die Enden fest mit Frühstückspapier und Gummiringen.

Variante für kleinere Kinder:
Das Kind sitzt im Kastanienbad und die Begleitung zeigt, wie es Arme und Beine einsetzt, um die Kastanien zu bewegen.

Ohrwurmwohnung

Ohrwürmer sind bei Gärtnern als Nützlinge wegen ihrer Vorliebe für Blattläuse sehr beliebt.

- **Schwerpunkt:** Verantwortung für Tiere übernehmen, mit allen Sinnen erfahren, Grob- und Feinmotorik
- **Alter:** ab 12 Monaten
- **Ort:** Wiese
- **Material:** Naturmaterial (alternativ Holzwolle), Blumentöpfe, Bast

NATURWUNSCH-VERS:

Hey, kleiner Ohrwurm, wo schläfst du am Tag?
Ich bau dir ein Häuschen, dann frierst du nicht so arg.
Den Blumentopf als Dach, die Zimmer aus Stroh,
ich hoffe sehr du freust dich und bist heute froh.

Auf einer Wiese zupfen die Kinder hohes Gras und abgestorbene Pflanzenreste aus. Das Material wird in die Blumentöpfe gedrückt, bis sie zum Rand gefüllt sind.
Alternativ verschnürt die Begleitung ein Bündel Gras in der Mitte fest mit einem Bastfaden. Beide Enden des Bastes werden durch das Loch im Blumentopfboden geführt, sodass das Gras in der Mitte gefaltet ist und das Loch verschließt.
Die Begleitung erklärt den Kindern, dass dort nun Ohrwürmer einziehen können, die uns bei unserer Gartenarbeit helfen. Wenn es hell ist, schlafen sie in ihrer neuen Wohnung, bei Nacht verrichten sie ihre Arbeit im Garten.
Die Blumentöpfe werden im Garten an geschützter Stelle kopfüber so aufgestellt, dass die Ohrwürmer von unten hineinkriechen können (alternativ am Bast im Baum aufhängen).

Variante für kleinere Kinder:
Die Kinder untersuchen das Gras im Garten, beobachten, wie es sich im Wind bewegt und kleine Tiere darin herumkrabbeln.

Winter

Wenn im Winter die Tage sind klar und auch kalt,
gehn wir mit Mütze und Schal in den Wald.
Der Boden ist frostig, knackt laut bei jedem Schritt,
doch mit unseren Stiefeln finden wir sicheren Tritt.
Wo sind nur die Tiere, die ich im Sommer noch traf?
Halten in Höhlen ihren Winterschlaf.
Und auch alle Pflanzen, die ruhen sich aus,
damit sie schön wachsen, jahrein und jahraus.
Wir spielen Verstecken, laufen schnell hin und her,
so wird uns nicht kalt und wir freuen uns sehr.

In Balance

Jedes Jahr zwischen November und Februar beginnt die Zeit der Baumfällarbeiten. Überall an Wegrändern und in Parkanlagen finden sich in dieser Zeit stabile Baumstämme, auf denen die Kinder die eigene Balance trainieren können.

- **Schwerpunkt:** mit allen Sinnen erfahren, forschen, Gleichgewicht halten
- **Alter:** ab 12 Monaten
- **Ort:** Wald / Wiese
- **Material:** Naturmaterial aus dem Gelände, 10 m Schnur

NATURWUNSCH-VERS:

Auf dem Baumstamm hier, auf dem Bordstein dort,
balancieren kann ich an jedem Ort.
Mit gestreckten Armen geht's voran,
damit ich im Gleichgewicht bleiben kann.

Bevor auf einem Baumstamm balanciert werden kann, sollte die Begleitung dessen Standsicherheit überprüfen und den unmittelbar angrenzenden Bereich in einer Breite von ca. zwei Metern von Hindernissen befreien. Er sollte zudem freiliegend sein (keine Holzstapel) und frei von Pilzbefall.

Nun kann das Gleichgewicht erprobt werden: Ob an der Hand der Begleitung oder allein mit ausgestreckten Armen gehen, robben oder krabbeln die Kinder von einem zum anderen Ende des Stammes. Die nähere Umgebung kann in das Gleichgewichtsspiel mit einbezogen werden. Dazu wird auf dem Boden vor dem Stamm ein Seil in Windungen auf den Boden gelegt, das die Kinder ablaufen, bevor sie auf dem Stamm balancieren.

Variante für kleinere Kinder:
Die Begleitung legt das Kind vorsichtig der Länge nach auf den Baumstamm und hält es gut fest. Leichte Schaukelbewegungen fördern den Gleichgewichtssinn.

Rinden-Snack

An kalten Wintertagen freuen sich die Meisen ganz besonders auf den leckeren Rinden-Snack.

- **Schwerpunkt:** Feinmotorik, Lebensmittel verarbeiten, basteln, Vögel beobachten
- **Alter:** ab 12 Monaten
- **Ort:** Wiese / Wald
- **Material Rinden-Snack:** ca. handflächengroßes Stück Rinde pro Kind, Ahle, Bast
- **Fettmasse:** Kochtopf, 500 g Pflanzenfett (z. B. Kokosfett), 500 g Körnermischung
- **Material für die Variante:** Meisenknödel ohne Netz

NATURWUNSCH-VERS:

Hirse, Körner, Haferflocken,
können viele Vögel locken.
Fliegen auf den Snack herab
und picken die leckren Samen ab.

Zubereitung Fettmasse: In der Einrichtung erwärmt die Begleitperson das Pflanzenfett in einem großen Kochtopf. Sobald es flüssig ist, rührt sie die Körnermischung unter.
Rinden-Snack: Ist die Masse nur noch handwarm, wird sie in eine Plastikschüssel umgefüllt und kann von den Kindern mit bloßen Händen verrührt und auf ihr Rindenstück geklopft werden. Nach dem Erkalten wird mit Hilfe der Ahle eine Aufhängung aus Bast an der Rinde angebracht.
Nun können die Kinder beim nächsten Winterspaziergang ihre Rinden-Snacks an den Lieblingsplätzen der Vögel, am niedrigen Geäst, aufhängen. Aus einiger Entfernung beobachten sie, welche Gäste sich die Körner schmecken lassen.

Variante für kleinere Kinder:

Die Kleinsten halten den Meisenknödel in der Hand. Nun nimmt die Begleitung ein Kind auf den Arm und gemeinsam legen sie den Knödel für die Wildvögel in eine Baumgabel.

Weihnachtsgruß

Die Weihnachtszeit wird sehr besinnlich im Wald und auf der Wiese. Nicht nur die Wildvögel freuen sich über die Leckereien!

- **Schwerpunkt:** mit allen Sinnen erfahren, Feinmotorik
- **Alter:** ab 0 Monaten
- **Ort:** Wald / Wiese
- **Material:** Weihnachtsplätzchen, LED-Kerzen, Streufutter für Wildvögel

NATURWUNSCH-VERS:

Im Winterwald ein Futterbaum steht,
dem hat der Wind die Zweige verweht.
Am Boden ringsum liegt das Futter verstreut,
da haben sich heut die Vögel gefreut.

An einer geschützten Stelle im Wald oder auf der Wiese bestimmen die Kinder einen Vogelfutterbaum, unter dem sie den Wildvögeln einen Weihnachtsgruß hinterlassen wollen. Der Gabentisch wird mit LED-Kerzen festlich geschmückt, und die Begleitung stimmt mit den Kindern ein Weihnachtslied für die Vögel an, die im Sommer so schön für sie gesungen haben, z. B. *Schneeflöckchen, Weißröckchen*.

Je nach Fingerfertigkeit der Kinder wird nun das Futter in die geöffneten Kinderhände gestreut, um unter dem Baum verteilt zu werden, oder die Kinder bedienen sich selbst an der am Boden stehenden Tüte. Die Begleitung erklärt den Kindern, dass die Vögel aus sicheren Verstecken das bunte Treiben beobachtet haben und sich erst dann über die Leckereien hermachen, wenn wieder Ruhe am Baum eingekehrt ist.
Nach getaner Arbeit dürfen sich die Kinder an den mitgebrachten Weihnachtsplätzchen erfreuen.

Frühling

Wenn es summt und auch brummt ist der Frühling schon da,
die Natur ist erwacht, das ist wunderbar.
Hier raschelt's im Gras, was soll ich euch sagen?
Der freundlichen Maus knurrt mächtig der Magen.
Flink läuft sie so schnell ihre Pfötchen sie tragen,
hinaus auf die Wiese, um am Wildkraut zu nagen.
Sie sieht auch die Blümchen am Wegesrand stehen,
die könnten ihr schmecken, das werden wir sehen.
Auch ein Sträußchen für uns, nur winzig und klein,
sieht wunderbar aus und duftet ganz fein.

Das kleine Krabbeln

Kleine Krabbler lassen sich bereits im zeitigen Frühjahr beobachten.

- **Schwerpunkt:** Verantwortung für Tiere übernehmen, mit allen Sinnen erfahren, Grob- und Feinmotorik
- **Alter:** ab 10 Monaten
- **Ort:** Wald / Wiese
- **Material:** Lupen, Becherlupen, Bestimmungsbuch

NATURWUNSCH-VERS:

Drei kleine Käfer, die krabbeln um die Wett,
der eine will der Schnellste sein,
die andern krabbeln hinterdrein,
so schnell die Beine tragen.
So geht es rasch den Halm hinauf,
bis an die Spitze geht der Lauf.
Ein Windstoß kommt, die Luft wird klar,
zu Boden purzelt die Käferschar.

Heben alle gemeinsam Steine an, legen Totholz zur Seite oder schieben Laub beiseite, finden sich schon nach kurzer Zeit die ersten kleinen Krabbler. Asseln (kleine landlebende Krebse) sind besonders beliebt, da sie sich meist gemächlich fortbewegen.

Der Umgang mit den Tieren wird nun geübt: Die Begleitung lässt die Tiere auf ein Blatt laufen und legt dieses in die geöffnete Kinderhand, bis sich die Tiere einen gemütlichen Platz suchen. Das ist zu Anfang gar nicht so einfach, wenn sich kleine Kinderhände blitzschnell schließen. Ein paar Trockenübungen im Sinne der Käfer sind hier angeraten.
Zur Vergrößerung schüttelt die Begleitung das Tier vom Blatt in eine Becherlupe und alle beobachten und bestimmen es gemeinsam.

Variante für kleinere Kinder:
Die Begleitung setzt sich einen Käfer auf die Hand, der von den Kindern beobachtet werden kann. Wo läuft er hin? Wo fühlt er sich wohl?

Schneckensuche

Ob Nackt- oder Gehäuseschnecken, beide Landschneckenarten sind sehr beliebt bei den kleinen Naturbeobachtern.

- **Schwerpunkt:** Verantwortung für Tiere übernehmen, mit allen Sinnen erfahren, Grob- und Feinmotorik schulen
- **Alter:** ab 10 Monaten
- **Ort:** Wald / Wiese
- **Material:** Glasschüssel, Plastikdeckel

NATURWUNSCH-VERS:

Im Gras, Gebüsch und Mauerspalt
finden Schnecken besten Halt.
Fallen Regentropfen leise,
kriechen sie langsam auf die Reise.
Tragen ihr Häuschen auf dem Rücken,
wenn du's hochnimmst, nicht doll drücken.

Landschnecken lassen sich am besten frühmorgens an feuchten Wiesenrändern oder unter Gebüschen finden. Immer der Schleimspur nach kann nun die Schneckensuche beginnen.

Ist neben Nacktschnecken eine erste Gehäuseschnecke gefunden, wird sie am Häuschen angefasst und seitlich vom Boden oder Blatt gelöst, damit sie sich nicht verletzt. Die Kinder setzen die Schnecken nun im Schatten in die mitgebrachte Glasschüssel, um sie bei ihrer langsamen Fortbewegung von allen Seiten beobachten zu können. Wie bewegt sich die Schnecke? Wann zieht sie sich in ihr Schneckenhaus zurück?
Die Begleitung vereinbart mit den Kindern, dass die Schnecke nur kurz in der Schüssel bleibt. So fällt der Abschied nicht so schwer, wenn die Kinder sie – mit einem kleinen Ritual – an der Fundstelle wieder aussetzen.

Variante für kleinere Kinder:
Die Begleitung setzt sich eine kleine Nacktschnecke auf die Hand. Nun kann das Kind sie streicheln.

Kleines Blümchen

Die Artenvielfalt blühender Wild- und Heilpflanzen ist bereits im Frühjahr beträchtlich und lädt zum Schnuppern und Bestaunen ein.

- **Schwerpunkt:** Feinmotorik, mit allen Sinnen erfahren
- **Alter:** ab 12 Monaten
- **Ort:** Wiese
- **Material:** Naturmaterial aus dem Gelände, Bestimmungsbuch, kleine Schale, Lupe

NATURWUNSCH-VERS:

Ein Blümchen wächst am Wegesrand und blüht in voller Pracht,
vorsichtig streck ich den Finger aus und streichle es ganz sacht.
Am Stängel pflück ich das Blümchen dann,
und schau es mir unter der Lupe an.

Auf einer bunten Frühlingswiese suchen die Kinder nach den ersten Blütengrüßen in diesem Jahr. Die Begleitung achtet darauf, dass die Kinder sich ausschließlich mit ungiftigen Blühpflanzen beschäftigen, das mitgebrachte Bestimmungsbuch kann hier zum Einsatz kommen.

Um die Blumen und das Gras näher betrachten zu können, dürfen die Kinder einzelne pflücken (die Bestände sollten erhalten bleiben). Gänseblümchen eignen sich ganz besonders zur Untersuchung. Die Pflanzenteile können in einer kleinen Schale gesammelt und mit Hilfe einer Lupe genauer betrachtet werden. Die Begleitung benennt jeweils die Farbe jeder Blume.
Die gepflückten Blumen können im Glas in der Wohnung längere Zeit beobachtet werden.

Variante für kleinere Kinder:
Die Begleitung startet mit den Kindern eine *Schnuppersafari* durch den blühenden Garten. Blumen und blühende Sträucher werden erschnuppert und sanft berührt.

Pusteblume

Ab April ist der Löwenzahn auf fast jeder Wiese zu Hause. Seine gezackten Blätter erinnern an gefährliche Raubtierzähne und geben ihm den Namen. Spannend wird es für die Kinder, wenn sich die gelben Blüten nach wenigen Tagen in weiße Pusteblumen verwandeln.

- **Schwerpunkt:** Koordination, Feinmotorik, mit allen Sinnen erfahren
- **Alter:** ab 12 Monaten
- **Ort:** Wiese
- **Material:** Seifenblasenflasche, Naturmaterial aus dem Gelände

NATURWUNSCH-VERS:

Wir pusten alle Schirmchen weit,
sie machen sich zum Flug bereit.
Nach langem Flug und schöner Reise,
fallen sie ins Gras ganz leise.
Im nächsten Jahr wächst dort heran,
ein neuer kleiner Löwenzahn.

Auf einer Wiese oder im Garten sammeln die Kinder Pusteblumen. Dabei ist es gar nicht so einfach, den Löwenzahn vorsichtig zu pflücken und die Schirmchen durch festes Pusten zu verteilen.
Durch Nachahmen üben sie das Pusten und die Mund-Hand-Koordination zuerst mit Hilfe von Seifenblasen.

Die Begleitperson zeigt den Kindern anschließend die dunklen Samen, die einzeln an einem kleinen buschigen Fallschirm hängen. Sind alle Schirmchen davongeflogen, bleibt nur der runde Blütenboden zurück.

Variante für kleinere Kinder:
Die Begleitperson nimmt behutsam wenige Samenschirmchen auf die geöffnete Handfläche. Dann pustet sie hinein und zeigt so deren Verteilung. Die Kinder dürfen nun selbst mit der Hand vorsichtig in die Pusteblume greifen und die Samen verteilen.

Sommer

Der Himmel ist blau, die Sonne ist gelb,
scheint herrlich und strahlend vom Himmelszelt.
Wir rufen „Hurra, der Sommer ist da!“,
laufen achtsam zum Wasser zur Entenschar.
Etwas planschen und baden, das wäre jetzt fein,
gehen Hand in Hand und niemals allein.
Im Wald ist es schattig und kühler dazu,
unterm Blätterdach hängt unsere Schaukel im Nu.
Wir können die Vögel im Baumwipfel sehen,
müssen uns dafür ganz schnell auf den Rücken drehen.

Matschen & kneten

Das Matschen in weicher, nasser Erde wird zu einem faszinierenden Tasterlebnis.

- **Schwerpunkt:** Auge-Hand-Koordination, stapeln, transportieren, mit allen Sinnen erfahren
- **Alter**: ab 12 Monaten
- **Ort:** Wald / Wiese
- **Material:** (faltbare) Spülschüssel, gefüllter Wasserkanister, (Joghurt-) Becher, DIN-A4-Blätter, Handtücher
- **Material für die Variante:** 3 Tassen Mehl, 2 Tassen Wasser, 2 EL Öl, mobile Pflanzunterlage

NATURWUNSCH-VERS:

Wir machen gerne Quatsch mit Matsch,
kneten uns 'ne Frikadelle.
Greif zu, mach mit. Wir zeigen's dir,
mach erst mal kleine Bälle.

Ein frisch aufgeworfener Maulwurfshügel eignet sich ganz besonders für ein reizvolles Matschvergnügen. Dazu füllt die Begleitung die Spülschüssel mit Wasser (bei Regenwetter eignen sich auch Pfützen) und platziert sie neben der Erde.
Nun können sie die Kinder nach Herzenslust mit Erde anfüllen und diese zu einer weichen Matschpampe kneten. Alle Sinne werden angeregt, wenn sie mit den Händen Frikadellen formen, Matschhügel errichten, die Becher befüllen und wieder leeren.
Ein Matschhändeabdruck auf einem DIN-A4-Blatt ist eine schöne Erinnerung an den Matschtag.

Variante für kleinere Kinder:
Da kleinere Kinder vieles in den Mund stecken, um es zu untersuchen, eignet sich zum Matschen ein Mehlspielteig. Die Zutaten werden zu einem weichen Teig verknetet und auf der Unterlage ausgebreitet. Das Kind kann diesen nun erkunden: Wie fühlt er sich an? Kann man ihn formen?

Barfußreise

Eine wunderbare Gelegenheit, um den Wiesen- oder Waldboden hautnah zu erkunden.

- **Schwerpunkt:** Mit allen Sinnen erfahren
- **Alter:** ab 12 Monaten
- **Ort:** Wald / Wiese
- **Material:** 3 Federn, Pinsel, Handpuppe, Kokosmatte, (faltbare) Spülschüssel, gefüllter Wasserkanister, Handtücher

NATURWUNSCH-VERS:

Wir ziehen Schuh' und Strümpfe aus
und schütteln uns're Füße aus.
Wir wackeln mit den Zehen
und woll'n jetzt barfuß gehen.

Die Begleitung sucht ein übersichtliches Wiesen- oder Waldstück aus, auf dem die Kinder barfuß laufen können. Sie meidet dabei Gebiete mit vielen bunten Blumen, auf denen Bienen Pollen suchen. Ist ein geeignetes Gebiet gefunden, wird die Spülschüssel mit Wasser gefüllt und die Kokosmatte ausgelegt.
Alle Kinder und deren Begleiter dürfen nun Schuhe und Strümpfe ausziehen und schütteln und bewegen zum Vers ihre Zehen.

Mit den Federn und der Handpuppe werden die Füße gekitzelt, sodass die Kinder aufmerksam ihre Füße betrachten.
Nun dürfen sie den Boden mit nackten Füßen erkunden. Sie erfahren den sinnlichen Unterschied zwischen einer moosbewachsenen Wiese, einem steinigen Weg, der kratzigen Kokosmatte, einem genüsslichen Fußbad etc. Nach ausgiebiger Fußreise werden die Füße gemeinsam abgetrocknet.

Variante für kleinere Kinder:
Mit nackten Füßen kann das Kind auf der Wiese liegen oder sitzen. Die Begleitperson streicht sanft mit Federn oder Pinsel über die Füße.

Hängemattenschaukel

Ein ganz besonderes sinnliches Erlebnis bereits für die Kleinsten bietet eine Hängematte im Baumparadies.

- **Schwerpunkt:** Mit allen Sinnen erfahren
- **Alter:** ab 0 Monaten
- **Ort:** Wald / Wiese mit Baumbestand
- **Material:** stablose Hängematte, Hängemattenaufhängung für draußen aus dem Fachhandel (bei fehlendem Baumbestand ein Hängemattengestell)

NATURWUNSCH-VERS:

Wir spannen unsre Hängematte,
zwischen zwei Bäumen oder zwei Latten.
Dann schaukeln wir, mal wild, mal sacht,
unter dem grünen Blätterdach.

Im Wald oder auf der Wiese werden zwei stabile Bäume gesucht, zwischen denen die Hängematte gespannt werden kann. Der Abstand zwischen den Bäumen sollte die Länge der Hängematte plus zwei 2 Meter betragen. Baumschonende Hängemattenaufhängungen haben eine breite Auflagefläche des Gurtes, damit sie durch Reibung oder Druck die Rinde nicht beschädigen. Für die Höhe der Befestigung wird die Hälfte der Befestigungsentfernung gewählt. Beträgt die Entfernung zwischen den Bäumen also 4 Meter, bringt die Begleitung die Aufhängung auf ca. 2 Metern Höhe an. Der Boden unter der Schaukel sollte frei von Stolperfallen sein. Nun kann das Schaukelerlebnis starten!

Um ungehindert vom umhüllenden Stoff in das Blätterdach schauen zu können, liegen die Kinder quer. Die Begleitung schwingt die Hängematte ganz sacht und weist die Kinder auf das Grün der Blätter, das Zwitschern der Vögel oder den Geruch des Baumes hin. Je nach Tragkraft der Hängematte können auch mehrere Kinder nebeneinander liegen.